AF290109

RÉUSSIR UN ENTRETIEN D'EMBAUCHE

Les techniques et astuces qui font la différence !

Par Claude Matoux

50MINUTES.fr

RÉUSSIR UN ENTRETIEN D'EMBAUCHE

- **Problématique ?** Comment convaincre lors d'un entretien d'embauche ?
- **Utilité ?** Réussir un entretien d'embauche s'apprend. Il ne s'agit pas de compter uniquement sur la chance, il faut se préparer à convaincre.
- **Contexte professionnel ?** Recherche d'emploi, reconversion de carrière, demande de promotion, etc.
- **FAQ ?**
  - Que dire à un entretien ?
  - Dois-je répondre à toutes les questions ?
  - Comment dois-je m'habiller ?
  - Faut-il mentir lors d'un entretien ?
  - Comment parler d'une expérience négative ?
  - Comment m'y prendre si je n'ai pas d'expérience professionnelle, ou si je suis âgé(e) ?
  - Comment me démarquer des autres candidats ?

Votre CV et votre lettre ou e-mail de motivation ont retenu l'attention du recruteur ? Bravo ! Vous avez franchi la première étape ! Vous n'êtes pourtant certainement pas le seul candidat sélectionné : à vous maintenant de prouver au recruteur que vous êtes le « bon » candidat.

Peu de personnes se rendent à un entretien d'embauche parfaitement sereines. Beaucoup de candidats redoutent d'être jugés, de ne pas suffisamment bien s'exprimer, bref, de ne pas être à la hauteur, avec le sentiment d'échec et les conséquences financières – d'autant plus réelles en période de pénurie d'emplois – qu'occasionnerait un « refus ».

Ce que bon nombre d'entre eux ignorent, c'est que le recruteur est bien souvent, lui aussi, en situation de stress. En ces temps économiquement difficiles, engager quelqu'un coûte cher à l'entreprise, et il n'a pas intérêt à se tromper. Le candidat qui l'aura compris agira constamment dans ce sens : rassurer l'employeur, lui inspirer confiance, lui montrer qu'il est le bon élément pour le poste à pourvoir.

Lise a interrompu ses études et a vite trouvé un job intéressant qu'elle a exercé consciencieusement plusieurs années durant. Trop investie cependant, elle a eu des problèmes de santé et a été contrainte de s'arrêter. Un an plus tard, remise sur pied, elle se sent fragilisée par son manque de diplôme. Décidée à retrouver du travail, elle s'entraîne à se présenter à l'entretien : ses réponses sont réfléchies, sa voix est claire, son débit de parole posé, sa présentation soignée. Elle décroche en quinze jours quatre entretiens et les réussit tous. Elle se paie donc le luxe de choisir l'entreprise qui lui convient le mieux, proche de son domicile et opérant dans le secteur du chocolat. Alors qu'elle postulait dans une région « économiquement sinistrée », elle a décroché un emploi qui la comble. C'est sa détermination à apprendre à défendre sa candidature qui en a fait une candidate excellente.

B.A.-BA DU CANDIDAT AVERTI

L'entretien d'embauche est un challenge. Vous avez – dans la mesure où vous êtes intéressé par le poste – quelque chose d'important à jouer.

Dès votre arrivée, un processus d'évaluation est enclenché. Dans la tête du recruteur, vous allez marquer des points positifs (verts) ou des points négatifs (rouges) au fur et mesure du déroulement de l'entretien. Dans le compteur vert vont s'additionner tous vos traits sympathiques et rassurants, ainsi que votre force de persuasion dont font partie vos compétences et vos qualités. Dans le compteur rouge apparaîtront vos hésitations, vos manquements et vos réponses « à côté ». Attention : un seul paramètre rouge peut vous disqualifier, s'il concerne un point jugé essentiel par le recruteur.

Bien que cette idée soit très répandue, les employeurs ne sont pas des sadiques qui ont plaisir à torturer les candidats en leur posant des questions pièges. Ils veulent simplement savoir à qui ils ont affaire. Autrement dit, ils veulent savoir qui vous êtes et ce que vous savez faire, parfois aussi comment vous réagissez selon les situations. À cette fin, ils n'ont d'autre choix que de vous interroger.

Pour répondre en toute tranquillité d'esprit, il est important de vous préparer aux questions les plus fréquemment posées. Il est préférable de réfléchir aux questions que l'employeur va vraisemblablement vous poser, plutôt que de prier le ciel pour qu'il ne vous pose pas telle ou telle question. Car curieusement, cela provoque souvent l'effet inverse : c'est comme si le candidat attirait la question ou, pire encore, il en est tellement obnubilé qu'il y répond alors que l'employeur ne l'a nullement invité à parler de ce sujet.

C'est bien sûr à l'employeur que revient la mission d'entamer l'entretien à proprement parler, en posant les premières questions. À charge du candidat de ne répondre ni trop brièvement – ce qui oblige le recruteur à poser des questions complémentaires, transformant ainsi l'entretien en interrogatoire –, ni trop longuement – pour éloigner le risque de dispersion. Des réponses structurées donneront l'image positive d'un candidat réfléchi et donc fiable. Quand l'entretien se déroule bien, le questionnement devient davantage une conversation avec des prises de parole équilibrées de part et d'autre.

LES QUESTIONS LES PLUS FRÉQUENTES

« Parlez-moi de vous »

Posée presque systématiquement, cette question, qui n'est pourtant pas piégée, laisse plus d'un candidat mal à l'aise. Le manque d'habitude de parler de soi ? Quoi qu'il en soit, la mauvaise manière d'y répondre est de donner son nom et de commencer à réciter son CV, autrement dit de répéter à l'employeur des informations qu'il possède déjà – puisqu'en principe, il a le CV sous les yeux. Pour faire mouche, expliquez votre parcours de manière à faire un lien direct entre celui-ci et le poste à pourvoir dans l'entreprise. Mettez l'accent sur vos motivations à prendre telle ou telle direction plutôt qu'une autre.

« Pourquoi êtes-vous intéressé par notre société ? »

Beaucoup de candidats cherchent surtout un salaire – ce qui est légitime – et se soucient finalement peu de l'entreprise qu'ils rejoindront, pourvu qu'ils décrochent un job. Le point de vue de l'employeur est tout différent. Son objectif n'est pas de faire une bonne action ; il doit engager une personne qui a des compétences en adéquation avec le poste à pourvoir et sur qui il pourra compter.

Pour répondre correctement à cette question, il faut impérativement que vous vous soyez bien renseigné sur la société dans laquelle vous postulez. Cherchez des informations sur Internet, déplacez-vous avant l'entretien ou prenez votre téléphone. Un candidat qui ne peut répondre aux questions sur l'entreprise perd beaucoup de sa crédibilité. À l'inverse, celui qui s'est renseigné et qui peut donc manifester son engouement pour ce qui s'y fait marque beaucoup de points ! La réponse à cette question témoigne de la passivité ou de la proactivité du postulant.

« Pourquoi souhaitez-vous quitter votre fonction actuelle ? / Pourquoi avez-vous perdu votre dernier emploi ? »

Cette question est plus ou moins délicate selon que votre contrat a tout simplement pris fin comme prévu ou que vous avez été conflit avec votre employeur. Répondez brièvement sur la perte d'emploi ou le désir de quitter votre job actuel et insistez sur votre intérêt pour le poste à pourvoir.

À ÉVITER

Ne dites jamais de mal de vos anciens employeurs. Même s'ils n'ont pas été corrects avec vous, le fait de les critiquer vous fera passer pour quelqu'un de négatif. Vous pouvez cependant décrire la situation de la manière la plus objective et la plus neutre possible. Même si votre ancien patron s'est montré odieux, ce n'est pas le lieu pour exprimer votre ressentiment.

« Pourquoi choisissez-vous précisément ce domaine d'activité ? »

Cette question concerne bien sûr les motivations du candidat et une vérification de l'adéquation de ses compétences par rapport à celles attendues. L'employeur cherche une personne impliquée dans son travail suite à un choix réfléchi. Chacun a des préférences et des talents, et puisque vous vous dites prêt à consacrer huit heures par jour à ce travail, vous devez être capable d'expliquer ce qui vous amène à choisir ce domaine en particulier.

« Pourquoi devrions-nous vous engager ? »

Oui, pourquoi vous plutôt que quelqu'un d'autre ? Si l'employeur ne vous pose pas directement la question, soyez assuré qu'elle lui trotte dans la tête. Donc, de toute façon, tâchez d'y apporter des éléments de réponse. Inutile de dire que vous êtes le meilleur, l'employeur devrait s'en tenir à votre déclaration, forcément trop peu convaincante. Il s'agit d'une démonstration : vous avez une expérience, des compétences et des qualités utiles au regard du poste à pourvoir qui requiert une certaine expérience, certaines compétences et certaines qualités. L'exercice est délicat : entraînez-vous !

« Quels sont vos objectifs à long terme ? »

Selon le poste sollicité, la réponse sera différente. En principe, il est bon d'avoir de l'ambition, mais sans excès : ne dites pas à l'employeur que vous voulez sa place ! Les employeurs apprécient les candidats qui savent qui ils sont et où ils vont.

Cependant, à moins de chercher temporairement un boulot « alimentaire » et donc d'exprimer votre projet à moyen ou à long terme, taisez vos souhaits de quitter l'entreprise, surtout si vous avez un projet d'indépendant.

« Quelle est votre principale qualité/vos trois principales qualités ? »

C'est la question idéale pour vous mettre en valeur ! Choisissez des qualités qui vous correspondent tout en étant attendues pour le poste à pourvoir. Si vous avez été retenu après avoir répondu à une offre d'emploi, voyez ce qui était demandé dans l'offre et exploitez-le.

Évitez les qualités comme « je suis ponctuel », qui ne vous démarquent pas des autres candidats. Arriver en retard au travail est un défaut, arriver à l'heure n'est que normal. Par ailleurs, n'oubliez pas que si vous avancez des qualités telles que « dynamique », « proactif » ou « motivé », vous devez non seulement les énoncer mais les manifester par votre attitude.

<u>**PETIT PLUS**</u>

Pour parler de vos qualités, soyez concret ! Donnez des exemples tirés de votre expérience, des mises en situation. Plutôt que de vous contenter de dire « je suis rigoureux » – si vous vous présentez comme comptable par exemple – illustrez vos propos par un exemple où vous avez fait preuve de rigueur et où cela a été bénéfique à l'entreprise où vous avez travaillé. Pareillement, plutôt que de dire « je suis à l'écoute » si vous postulez dans le secteur social, parlez d'une situation où votre écoute a été utile à une personne en difficulté.

• Par exemple, un candidat convaincra en

disant : « Je suis très organisé. Tous mes documents sont classés au fur et à mesure. Mes collègues peuvent immédiatement les retrouver. Chez moi, je tiens à ce que, dans ma garde-robe, mes chemises soient toutes bien rangées par couleur. »

- Un autre pourra argumenter : « J'ai le sens de l'écoute et suis un bon communicateur. Lors de mon stage, un client est arrivé très énervé. Je l'ai invité à exprimer sa situation, puis lui ai expliqué pourquoi il avait dû attendre. Il s'est excusé et a même passé une nouvelle commande. »

De cette manière, votre pouvoir de persuasion augmente de manière exponentielle. Le fait que vous donniez un exemple démontre votre capacité à manifester ces qualités, ce qui est bien plus convaincant que de simplement les énoncer.

« Quel est votre principal défaut/vos trois défauts principaux ? »

Cette question est plus délicate que la précédente. Si vous avancez un défaut qui n'a strictement rien à voir avec le poste convoité, comme « je suis gourmand » alors que vous postulez en tant qu'informaticien, vous n'allez certainement pas fournir à l'employeur une information utile. Vous ne pouvez pas non plus mentionner de défauts qui risquent d'inquiéter l'employeur, tels que « je suis distrait » si vous prétendez à un poste dans la sécurité ou « je suis bavard » alors que l'emploi inclut une clause de confidentialité. Le défi consiste à souligner quelques points d'amélioration possible chez vous, en mettant l'accent sur le fait que vous les travaillez.

C'est là qu'il est particulièrement intéressant d'utiliser la méthode STAR :

- Situation – décrivez une situation que vous avez vécue ;
- Tâche – décrivez le travail que vous aviez à faire ;
- Action – décrivez l'action que vous avez menée ;
- Résultat – décrivez les résultats que vous avez obtenus.

- J'ai toujours aimé les gens, mais j'étais très timide et j'avais du mal à aller vers les autres. Je me suis inscrit à un cours d'improvisation. Depuis, je suis à l'aise quand j'accueille les clients. J'ai maintenant plaisir à convaincre et j'ai obtenu une prime l'année dernière suite à une augmentation de 7 % de mon chiffre par rapport à l'année précédente.
- J'étais trop décontracté au travail et j'avais tendance à reporter mes tâches au lendemain sans trop penser aux conséquences. Je me suis intéressé aux techniques de gestion du temps et maintenant, je planifie mes activités.
- J'aime avoir raison ; je suis quelqu'un d'obstiné. Consciente de ce défaut, j'ai appris à écouter les autres et je suis désormais prête à m'incliner s'ils avancent de bons arguments. J'apprécie de plus en plus le travail en équipe.

La méthode STAR peut s'appliquer à toutes les questions auxquelles vous pouvez répondre par une mise en situation.

« Qu'attendez-vous comme salaire ? »

Ne vous contentez pas de répondre « selon le barème » ou que cela vous importe peu. Curieusement, beaucoup de demandeurs d'emploi cherchent un poste pour toute une série de raisons, mais bien sûr aussi – si pas surtout – pour des raisons financières, alors qu'ils n'ont généralement qu'une vague idée du salaire auquel ils peuvent prétendre. Savoir sur quel salaire on peut compter fait partie de l'affirmation de soi. Ne pas vous en préoccuper fait de vous un naïf.

Si vous ne pouvez pas négocier, renseignez-vous sur Internet ou auprès d'un syndicat. Si vous pouvez négocier votre salaire, renseignez-vous aussi et proposez toujours une fourchette à l'employeur de manière à ouvrir une négociation. Car si vous proposez un seul chiffre, vous vous exposez potentiellement à un refus net. Montrez-vous ouvert et flexible !

« Que recherchez-vous dans un emploi ? »

Cette question concerne vos valeurs. Le critère du salaire est loin d'être le seul qui aura du poids dans le choix d'une orientation professionnelle et d'un métier. Nos valeurs sont des moteurs. Nous les acquérons généralement dès notre plus jeune âge et nous en changeons peu au cours de notre vie. Du point de vue de l'employeur, vous serez plus motivé et plus efficace si vous êtes en accord avec les valeurs de l'entreprise. Et c'est certain, vous vous sentirez mieux si vous vous levez tous les matins pour exercer un travail qui vous correspond et rejoindre, si possible, une équipe qui développe des projets autour de valeurs communes. Vous avez tout à gagner à être franc. Bien sûr, vous pouvez mettre l'accent sur des valeurs différentes selon que vous postulerez dans une banque, un hôtel ou une mutuelle.

« Que faites-vous pendant vos loisirs ? »

C'est une question conviviale. Elle permet de connaître vos centres d'intérêt et de mieux cerner votre personnalité. Vos loisirs permettent au recruteur de se faire une idée de votre culture et de mesurer si vous êtes plutôt introverti ou extraverti au cas où vous exercez des activités d'équipe.

Soyez prudent avec les activités politiques ou religieuses, si vous les mentionnez ; c'est un quitte ou double selon que votre interlocuteur partage ces convictions ou pas.

Le facteur chance intervient particulièrement dans le cadre de cette question : il se peut que l'employeur partage un de vos hobbys, ce qui peut bien évidemment générer un sentiment de sympathie en votre faveur.

« Avez-vous des questions à poser ? »

Oui ! Ayez des questions : c'est une marque d'intérêt que vous devriez éprouver naturellement si votre enthousiasme est réel. Ne posez pas de questions sur le salaire ou les « avantages » (en tout cas, ne commencez pas par cela). Demandez plutôt des informations sur les projets actuels de la société, les personnes avec qui vous allez travailler, les outils spécifiques à l'entreprise, etc.

LES QUESTIONS DÉLICATES

Les questions délicates concernent généralement les « trous dans le CV » et les problèmes de maladie.

Les employeurs n'aiment effectivement pas les « trous dans le CV » ; ils cherchent tous quelqu'un de fiable et d'actif. Les interruptions sont de nature à les inquiéter. Ce sont cependant des êtres humains qui savent qu'il est difficile de décrocher un emploi et qui peuvent comprendre les difficultés d'un parcours de vie. L'honnêteté est donc souvent payante pour autant que vous ne tombiez pas dans la victimisation.

Certains candidats pensent à juste titre qu'il est préférable de suivre des formations plutôt que de ne rien faire. Prenez garde, car pour nombre d'employeurs, les années passées en formation ne correspondent en rien à des années passées au travail. Si se former et l'indiquer dans son CV est positif, en revanche, rester de longues années en formation risque d'être perçu comme contre-productif car, durant cette période, la personne reste hors du marché de l'emploi.

Avoir interrompu sa carrière pour élever ses enfants est un argument que beaucoup d'employeurs entendent bien. Mettre du temps pour décrocher un emploi dans un secteur en pénurie est aussi aisé à comprendre, pour autant que cela ne soit pas exprimé sur le ton de la plainte.

Dire ou ne pas dire à l'employeur qu'ils ont des problèmes de santé est un dilemme qui tiraille beaucoup de candidats. Le choix sera différent selon que la maladie – physique ou mentale – a été guérie ou qu'elle est toujours active. Si la maladie a été surmontée, cela peut être présenté positivement mais brièvement. Dans le cas contraire, la bonne décision commence par le respect de soi et le respect de sa santé : se sent-on réellement capable d'exercer le métier proposé ?

Dans tous les cas, soyez observateur et adaptez-vous à votre interlocuteur. S'il est bon, voire indispensable, de se préparer à un entretien, il est clair que vous ne pouvez savoir quelles questions vous seront posées ni quelle sera la personnalité de votre intervieweur.

Vous pouvez avoir affaire à différents types de recruteurs :

- **le froid, le distant.** Il ne manifeste aucune marque de sympathie. Il est même possible qu'il ne vous tende pas la main. En général, les candidats le craignent parce qu'ils ne se sentent pas en confiance et n'observent pas l'approbation tant espérée. Pour autant, ne tirez pas de conclusions hâtives. Il se peut qu'il vous apprécie et retienne votre candidature. Il s'agit simplement d'une personne qui tient à rester objective.
- **le sympa, l'accueillant**. Il vous reçoit avec un grand sourire. Il fait tout pour vous mettre à l'aise et se livrera peut-être même à des confidences. Si cela vous est agréable, n'en soyez cependant pas dupe. Cet employeur vous apprécie peut-être, mais il est tout à fait possible qu'il vous fasse un « numéro ». Malgré ses paroles bienveillantes, il vous a peut-être rayé de la liste des candidats depuis vos premières réponses.
- **l'économiste, le rigoureux**. Il est réaliste,

pragmatique et efficient. Il calcule ce que vous allez lui coûter et lui rapporter. Si votre CV n'est pas clair, il prendra le temps nécessaire pour reconstituer votre parcours année après année.

- **le pédagogue, le causant**. Il vous pose peu de questions et prend beaucoup de temps pour vous expliquer la réalité à laquelle vous serez confronté en acceptant le poste. Il écoute attentivement vos réponses et, souvent, vous donne un retour sur l'impression que vous lui avez donnée.
- **le jury.** Dans certains cas, vous n'avez pas à répondre à une seule personne, mais à tout un jury. Vous avez alors bien sûr affaire à un panel de personnalités. La rigueur est dès lors de mise, d'autant plus qu'il y aura rapport et concertation. Face à plusieurs personnes, l'ambiance peut-être relativement décontrac- tée ou, au contraire, plutôt rigide (surtout lorsqu'il faut respecter des procédures).

Quel que soit votre interlocuteur, dites ce que vous avez à dire, restez courtois et souple.

TOP CONSEILS

Si, bien sûr, la pertinence de vos propos est primordiale, c'est la manière dont vous vous comportez qui est déterminante. Il s'agit de la question du savoir-être. Tous les candidats qui se présentent pour un emploi ont, en principe, les compétences requises (un postulant pour un poste de professeur aura un diplôme pédagogique ; celui qui se présente pour être mécanicien aura appris la mécanique ; un candidat médecin aura suivi des études de médecine, etc.). Donc, ce qui va faire la différence entre eux repose essentiellement sur leur comportement, leur motivation, leur « aura » ; autrement dit, sur leur manière de communiquer de façon « non verbale ».

- **Le sourire** : que le stress de l'entretien ne vous l'enlève pas ! Le sourire rend attirant. Il est essentiel, au moins au début de l'entretien. N'attendez pas la fin, car il exprime alors davantage le sentiment de délivrance lié à la conclusion de l'entretien que le plaisir de discuter de votre potentiel nouvel emploi. Une étude a montré que l'on associe inconsciemment le sourire et l'intelligence. Autrement dit, on vous jugera plus intelligent si vous souriez que si vous ne souriez pas. Optez pour un sourire naturel ; un sourire figé serait contre-productif !

- **Le regard** : regardez votre interlocuteur. Surtout, ne baissez pas le regard et ne fixez pas le sol ; même si ce n'est que de la timidité, cela sera considéré comme un désir de fuite.

- **Les gestes** : Accompagnez vos paroles de petits gestes qui appuient votre discours. Prenez garde cependant, faire trop de gestes risque d'être dérangeant ; n'en faire pas assez vous fera paraître statique.
- **La distance** : en fonction des cultures, la norme varie au niveau de la distance à respec-

ter entre les personnes. N'envahissez pas l'espace vital de votre interlocuteur ; ne le fuyez pas non plus. Si un bureau vous sépare, prenez possession de votre territoire en maintenant vos mains au-dessus. Prenez un stylo en main plutôt que de vous les tordre.

- **La position du corps** : tenez-vous droit. Une position courbée ou avachie dénote la timidité ou la mollesse, ce qui n'intéresse pas l'employeur. Inutile également de bomber le torse ; droit ne signifie pas raide.

- **La voix** : le timbre de votre voix, son débit et son volume ont un impact sur l'impression générale que vous donnez. Si vous avez peu de maîtrise sur le timbre, vous pouvez par contre contrôler votre débit de parole – plus les personnes sont stressées, plus elles parlent vite – et le volume de votre voix. Concernant ce dernier, entraînez-vous à parler suffisamment fort, car il est désagréable pour vos auditeurs d'avoir à tendre l'oreille, sans toutefois exagérer au risque de les voir se sentir inutilement agressés.

- **Les bonnes manières** : il est évident que la politesse est de mise. Exprimez-vous avec courtoisie et proscrivez les familiarités. Mettez votre portable sur silencieux. Serrez la main si on vous y invite. À l'arrivée et au moment de partir, remerciez pour l'attention qui vous a été consacrée.

pieds, soupire ou baille, il ne sera pas crédible. À l'inverse, le candidat dont le visage s'illumine quand il parle de son expérience avec fierté conquiert son auditoire.

FAQ

Vous n'avez jamais une deuxième chance de faire une première bonne impression. Dès qu'une personne en rencontre une autre, elle s'en fait une opinion – positive, négative ou neutre – dès les premières minutes. Cette réalité, valable en toute situation de communication, est à considérer dans le cadre de l'entretien : les premières minutes sont déterminantes !

QUE DIRE À UN ENTRETIEN ?

Curieusement, beaucoup de candidats se demandent quoi dire. Il est évident que l'employeur veut savoir qui est la personne qui se présente et ce qu'elle sait faire. Le défi : parler de soi, ce qui s'avère souvent une démarche difficile, d'où l'intérêt de bien se connaître et de pouvoir exposer clairement ses compétences et qualités.

C'est à l'employeur de démarrer l'entretien. Par la suite, surtout quand ça se passe bien, l'interview tourne souvent à la conversation où vous pouvez prendre, vous aussi, l'initiative de la parole.

Parlez de vos compétences et de votre motivation pour le poste proposé. Ne vous contentez pas de formules creuses et impersonnelles, comme : « J'aimerais m'épanouir au sein de votre société ». Même si l'employeur vous souhaite sans doute de vous épanouir, ce n'est pas sa préoccupation. Ce qui l'intéresse, c'est ce que vous allez apporter à la société. De plus, que signifie « s'épanouir » ? La signification intrinsèque du mot variera immanquablement selon les uns et les autres. Donc, soyez concret : qui êtes-vous ? Que savez-vous faire ? Qu'est-ce que vous aimez faire ? Évoquez des exemples liés à votre vécu.

De manière générale, formulez vos phrases positivement. Dites « J'aimerais beaucoup travailler pour votre service clientèle », plutôt que « Ça ne me dérangerait pas de travailler pour votre service clientèle ». Sentez-vous la différence ?

Petit plus

Il est probable que l'employeur ait votre CV sous les yeux pendant l'entretien. Si vous avez le droit de vous faire aider pour le rédiger, vous devez être capable d'en expliquer tous les points. Il est du plus mauvais effet de ne pas pouvoir répondre à une question d'éclaircissement par rapport à votre propre CV.

DOIS-JE RÉPONDRE À TOUTES LES QUESTIONS ?

Le candidat sait qu'il va devoir répondre à une série de questions. Mais où commence sa vie privée ? Peut-il refuser certaines questions sans se disqualifier ?

Si vous refusez de répondre, vous risquez de piquer la curiosité de votre interlocuteur (qu'avez-vous à cacher ?). Pourtant, si vous estimez que la question porte atteinte à votre vie privée, vous pouvez le dire tout en restant posé. Même si la question vous a paru intrusive, ne répondez pas par l'agressivité (toujours mal perçue). Soyez clair avec ce que vous acceptez d'exprimer ou pas. Cela fait partie de l'affirmation de soi.

COMMENT DOIS-JE M'HABILLER ?

Cette interrogation taquine tous les candidats. Et, effectivement, il est bon de se la poser, votre tenue transmettant nécessairement un message à votre interlocuteur.

Il n'y a pas une seule bonne manière de s'habiller pour se rendre à un entretien, bien qu'il y ait un impératif à respecter : se conformer à la culture de l'entreprise dans laquelle vous postulez. Un effort vestimentaire sera considéré comme une marque de respect. Mais le plus important est de rester vous-même, de ne pas vous déguiser. Optez pour une tenue dans laquelle vous vous sentez à l'aise. Les entreprises cherchent rarement des top-modèles (sauf pour certains postes spécifiques comme les hôtesses). Tout recruteur cherche, par contre, quelqu'un de propre et net.

<u>PETIT PLUS</u>

Attention aux parfums envahissants et à l'odeur de tabac : souvent jugés désagréables, ils nuisent à votre image.

FAUT-IL MENTIR LORS D'UN ENTRETIEN ?

Certainement pas ! Mais la diplomatie est de mise et il y a toujours une manière de présenter la vérité positivement. Il est préférable de taire spontanément vos freins et vos éventuels échecs ou expériences conflictuelles. Si l'employeur met le doigt dessus, expliquez brièvement ce qui vous a amené à telle ou telle situation sans perdre votre temps à vous justifier.

Veillez particulièrement à ne pas exagérer vos compétences linguistiques ; un recruteur averti aura vite fait de vous interroger dans la langue que vous déclarez connaître.

À ÉVITER

Toute vérité n'est pas bonne à dire ! Un candidat quadragénaire à qui l'on pose la question « Quels sont vos objectifs à long terme ? » et qui répond « Arriver en bonne santé à la pension » n'utilise évidemment pas un argument de nature à enthousiasmer l'employeur...

COMMENT PARLER D'UNE EXPÉRIENCE NÉGATIVE ?

Brièvement. Les employeurs ont eux aussi une expérience de la vie ; ils savent qu'il existe des personnes peu scrupuleuses. Ils peuvent donc comprendre votre situation, à condition que vous ne vous apitoyiez pas sur votre sort.

Tout apprentissage comprend une part d'échecs. C'est la capacité à rebondir qui fait la force des gagnants. Vous pouvez toujours retirer un enseignement d'une expérience négative et l'exprimer. Veillez à reconnaître votre part de responsabilité. L'attitude qui consiste à reporter ses échecs sur les autres est peu responsable et mal vue. Peu d'employeurs ont envie d'engager une victime !

COMMENT M'Y PRENDRE SI JE N'AI PAS D'EXPÉRIENCE PROFESSION- NELLE, OU SI JE SUIS ÂGÉ(E) ?

Dans le cas où vous démarrez dans la vie active, misez sur votre dynamisme, votre intérêt pour le métier, votre adaptabilité et votre volonté d'apprendre.

Dans le cas où vous êtes plus âgé, mettez en valeur votre expérience, votre fiabilité et votre disponibilité.

COMMENT ME DÉMARQUER DES AUTRES CANDIDATS ?

C'est tout l'enjeu de l'entretien ! Il ne suffit pas d'être bon, ni même très bon. Il vous faut de la motivation, que vous pourrez exprimer avec des mots, avec des gestes, avec une attitude convaincante.

Travaillez l'adéquation entre votre personnalité et le poste à pourvoir. Pour ce faire, vous devez être au clair avec vos points forts et être capable de les exprimer, d'une part, et vous renseigner sur l'entreprise et la fonction, d'autre part.

N'oubliez pas que les premières minutes sont décisives : pensez au sourire, au regard et à une poignée de main franche. Vous devez éviter les hésitations et vous exprimer clairement. Il est important de manifester que vous êtes à l'aise. Une position droite et une voix bien audible et posée y contribueront fortement.

Petit plus

Sachez que vous êtes évalué dès votre arrivée dans l'entreprise. Il n'est pas rare que le patron demande l'avis des secrétaires et de l'équipe pour choisir le candidat. Un critère important est de savoir si vous donnez l'envie aux autres de vous intégrer à leur équipe. Soyez donc vigilant et aimable avec tout le monde !

À VOUS DE JOUER !

1. FAITES LE BILAN

Recensez vos savoirs (les connaissances théoriques que vous avez acquises), vos savoir-faire (vos compétences, ce que vous savez faire concrètement) et vos savoir-être (vos qualités humaines et relationnelles). De cette manière, vous pourrez plus aisément en parler à l'employeur. Pensez à insister sur vos spécificités, sur ce qui vous permettra de vous démarquer par rapport aux autres candidats.

Soyez également lucide quant aux valeurs qui vous portent et sachez les affirmer. Si tout le monde a besoin d'un salaire, l'argent ne représente pas le seul moteur qui vous pousse à vous lever pour aller travailler. Quelles sont vos valeurs ? L'altruisme, la reconnaissance sociale, la diversité, l'indépendance, l'initiative, le défi, la mobilité, le plaisir d'être avec les autres, la sécurité, la vie privée… ?

Ne négligez pas cette étape : si vous n'êtes pas parfaitement conscient de la personne que vous êtes et de ce que vous savez faire, vous ne pourrez pas l'exprimer clairement au moment de l'entretien.

Savoirs et valeurs

Savoirs	Savoir-faire	Savoir-être	Mes valeurs

N'oubliez pas qu'à compétences égales, ce sont vos qualités personnelles, humaines et relationnelles (ce que les chargés de ressources humaines appellent les *soft skills*) qui feront la différence avec les autres candidats. Une majorité d'entreprises accordent autant d'importance aux *soft skills* qu'aux *hard skills* (diplômes, compétences et expériences).

Ayez en tête le résumé suivant :

2. ENTRAÎNEZ-VOUS DEVANT LA CAMÉRA

À l'aide d'un Smartphone ou d'une caméra, filmez-vous en train de répondre aux questions les plus fréquemment posées et observez-vous ensuite : cela vaut mieux qu'un long discours. Il s'agit du meilleur exercice possible pour percevoir ce que vous maîtrisez déjà bien et ce que vous devriez améliorer pour parvenir à convaincre.

Ne soyez pas trop dur envers vous-même : travaillez les faiblesses que vous constatez sans vous fustiger. Cependant, ne soyez pas non plus trop vite satisfait de vous-même : vous ne devez pas seulement être bon, vous devez être excellent. Rappelez-vous que vous n'êtes pas seul sur le marché de l'emploi ; c'est pourquoi cette préparation est aussi importante. À la manière d'un sportif, regardez-vous objectivement et mettez en place des stratégies pour vous améliorer.

- Si l'invitation à l'entretien résulte d'une réponse à une offre d'emploi, analysez-la bien de manière à argumenter dans le sens de la description du poste et prenez-la avec vous.
- Prenez également avec vous tout document permettant de renforcer votre candidature : recommandation d'un ancien employeur, travail que vous avez réalisé, photos, références sur le net, etc. C'est le lieu pour vous valoriser. Artiste ? Montrez vos réalisations ! Dans la mesure du possible, exhibez ce que vous savez faire.
- Pour éloigner le stress, entraînez-vous, arrivez une dizaine de minutes à l'avance (prévoyez une marge puisqu'arriver en retard est, d'emblée, une mauvaise note), et n'hésitez pas à appliquer une technique de relaxation qui vous convienne (respirez, écoutez de la musique, marchez, etc.).
- Soyez assertif : exprimez ce que vous cherchez, osez affirmer vos conditions. Ce ne sont pas les candidats qui « se mettent à genoux » devant l'employeur et qui se

disent prêts à tout accepter qui obtiendront le poste. L'employeur préférera un candidat assuré de ce qu'il veut, qui argumente et avec lequel il pourra négocier des conditions de travail réalistes. Une personne qui sait ce qu'elle veut est rassurante.

- Enfin, faites-vous confiance ! Soyez naturel, accordez-vous le temps de réfléchir à la question qu'on vous pose. Si vous vous êtes préparé, cela viendra vite. Voyez l'employeur comme quelqu'un qui s'intéresse à vous et l'entretien comme une belle opportunité parmi d'autres. Il s'agit d'une négociation : montrez-vous professionnel, ouvert et déterminé.

Votre avis nous intéresse !
Laissez un commentaire sur le site de votre
librairie en ligne et partagez vos coups de cœur sur
les réseaux sociaux !

POUR ALLER PLUS LOIN

SOURCES BIBLIOGRAPHIQUES

- BERNARDINI (Alain), *Réussir un entretien d'embauche*, Paris, Marabout, 1991.

- POROT (Daniel), *L'entretien d'embauche en 202 questions*, Paris, Solar, 2014.

- RAS (Patrice), *Le grand livre de l'entretien d'embauche*, 2e édition, Levallois-Perret, Studyrama 2015.

www.50minutes.fr

ISBN ebook : 978-2-8062-6684-2
ISBN papier : 978-2-8062-6685-9
Dépôt légal : D/2015/12603/296
Photo de couverture : © Minerva Studio - Fotolia.com

Conception numérique : Primento, le partenaire numérique des éditeurs